Mandalas
para estar alegre

MALINKA
LIBROS

Autores de las citas:

1. Martin Lutero; 2. Marco Aurelio; 3. Baruch Spinoza;
4. Madame de Maintenon; 5. Federico el Grande. 6. Gasparo Gozzi;
7. Johann Paul Richter; 8. Henri-Dominique Lacordaire;
9. Ippolito Nievo; 10. Wilhelm Raabe; 11. Édouard Pailleron;
12. Mark Twain; 13. R. L. Stevenson; 14. Alain; 15. Eugeni d´Ors;
16. Víctor Ruiz Iriarte; 17. Proverbio escocés.

Primera edición: noviembre de 2011
Segunda edición: abril de 2012
Publicado por Malinka Libros

Aragón, 259, 08007 Barcelona
www.terapiasverdes.com
ediciones@terapiasverdes.com

Diseño de la cubierta y de los mandalas: Roger Hébrard
Maquetación: Roger Hébrard

Impresión: Sagrafic, S. L.
Plaza Urquinaona, 14
08010 Barcelona

Depósito legal: B-12.176-2012
ISBN: 978-84-15322-12-2

Introducción

La verdadera alegría, la que todos buscamos, tiene sus raíces en la personalidad.
Sé plenamente tú, desarrolla tu capacidad de dar y amar, y de recibir y ser amado.
La alegría tiene su fundamento en el ser. Si sustituyes la obsesión general de poseer por la sólida construcción de tu personalidad, basándola en el ser, te acercarás sin darte cuenta a la alegría de vivir a medida que amplías tu capacidad de confiar en ti.
Vive siguiendo tu plan personal de vida. Recuerda que eres tú quien decide si quieres ser feliz en función de cómo organizas tu vida, de si eliminas el estrés y vives relajado, o si te dejas dominar por la tensión general del ambiente que nos rodea.
Colorea estos mandalas y acostúmbrate a cultivar la alegría como terapia para el desarrollo de tu personalidad.

Las diferentes filosofías y creencias orientales vienen utilizando los mandalas tanto como expresión plástica de la persona que se encamina hacia la progresión espiritual, como una ayuda o soporte a la concentración y a la meditación.

Aunque los diseños pueden ser muy variados, ya que en unos domina la abstracción geométrica y en otros las representaciones naturalistas, la estructura radial sigue prevaleciendo como común denominador.

En la primera mitad del siglo XX, el psicoanalista Carl G. Jung se ocupó extensamente de los mandalas, convirtiéndolos en una técnica de autoconocimiento y una ayuda a la terapia.

"Todos los mandalas –dice Jung– están basados en la cuadratura del círculo. Su motivo básico es la premonición de un centro de la personalidad, una especie de punto central dentro de la psique, con el que todo está relacionado, mediante el cual todo está ordenado y que es en sí mismo una fuente de energía.

»El mandala te abre las puertas hacia el interior de ti mismo y tu sabiduría interna, te proporciona un refugio donde sentirte a salvo de ese mundo exterior lleno de estrés y confusión y te aporta una sensación de paz y calma."

Todos los manuales coinciden en un doble consejo básico. Si quieres potenciar tu capacidad de exteriorizar los sentimientos y emociones, es mejor empezar a colorear desde el centro hacia la periferia. Si, por el contrario, quieres potenciar el autoconocimiento y la introspección, empieza a colorear por el límite exterior hasta llegar al centro.

El uso de los colores en los mandalas tiene un significado especial, relacionado con el estado de ánimo de quien los colorea:

Blanco: vacío, pureza, iluminación, perfección.
Negro: muerte, misterio, ignorancia, limitación personal.
Gris: neutralidad, sabiduría, renovación.
Rojo: masculino, sensualidad, amor, pasión, arraigamiento.
Azul: tranquilidad, paz, felicidad, satisfacción, alegría.
Amarillo: sol, luz, jovialidad, simpatía, receptividad.
Naranja: energía, dinamismo, ambición, ternura, valor.

Rosa: aspectos femeninos e infantiles, dulzura, altruismo.

Morado: amor al prójimo, idealismo y sabiduría.

Verde: naturaleza, equilibrio, crecimiento, esperanza.

Violeta: música, magia, espiritualidad, transformación, inspiración.

Oro: sabiduría, claridad, lucidez, vitalidad.

Plata: capacidades extrasensoriales, emociones fluctuantes, bienestar.

De todas formas, con la práctica llegarás al convencimiento de que, con la excepción de recetas preconcebidas, la mejor estrategia se basa en dejar fluir intuición y sentimientos.

Los mandalas te ayudarán a contactar con tu esencia, lo que dará paso al respeto y a la aceptación de ti mismo, a un incremento de tu capacidad intuitiva y de la sensibilidad de tus sentidos, te relacionarás mejor con el mundo exterior y expandirás tu conciencia.

En la vida cotidiana verás atenuado tu estrés, fortalecidas tu capacidad de concentración y tu paciencia, y aumentará tu sensación de calma, armonía y bienestar general.

— 1 —

Mi risa es mi espada y mi alegría, mi escudo.

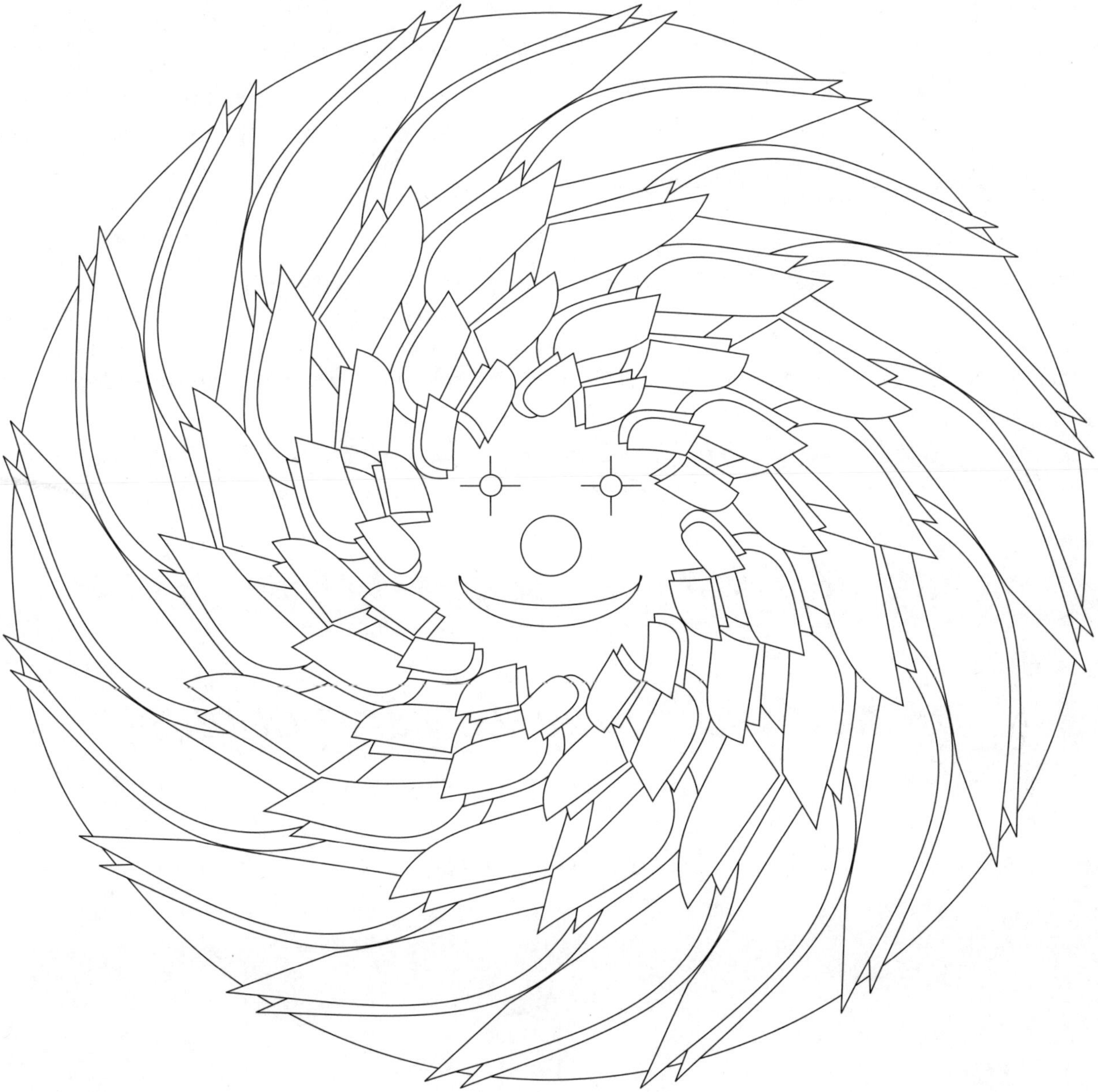

— 2 —

La alegría se encuentra en el fondo de todas las cosas, pero a cada uno le corresponde extraerla.

—3—

La alegría es el paso del hombre de una perfección menor a una mayor.

— 4 —

No hagáis depender vuestra alegría de los demás.

—5—

En el mundo, todo es una locura,
salvo la alegría.

— 6 —

El mejor modo de no padecer consiste en gozar de lo que tenemos y no codiciar más.

—7—

La alegría es como el verano,
que da calor a los frutos
y los hace madurar.

— 8 —

La alegría es la vocación del hombre.

—9—

La juventud
es el paraíso de la vida;
la alegría es la juventud del espíritu.

—10—

Se habla ligeramente de la alegría y, en cambio, hay que considerarla como una de las ocupaciones más serias de la humanidad.

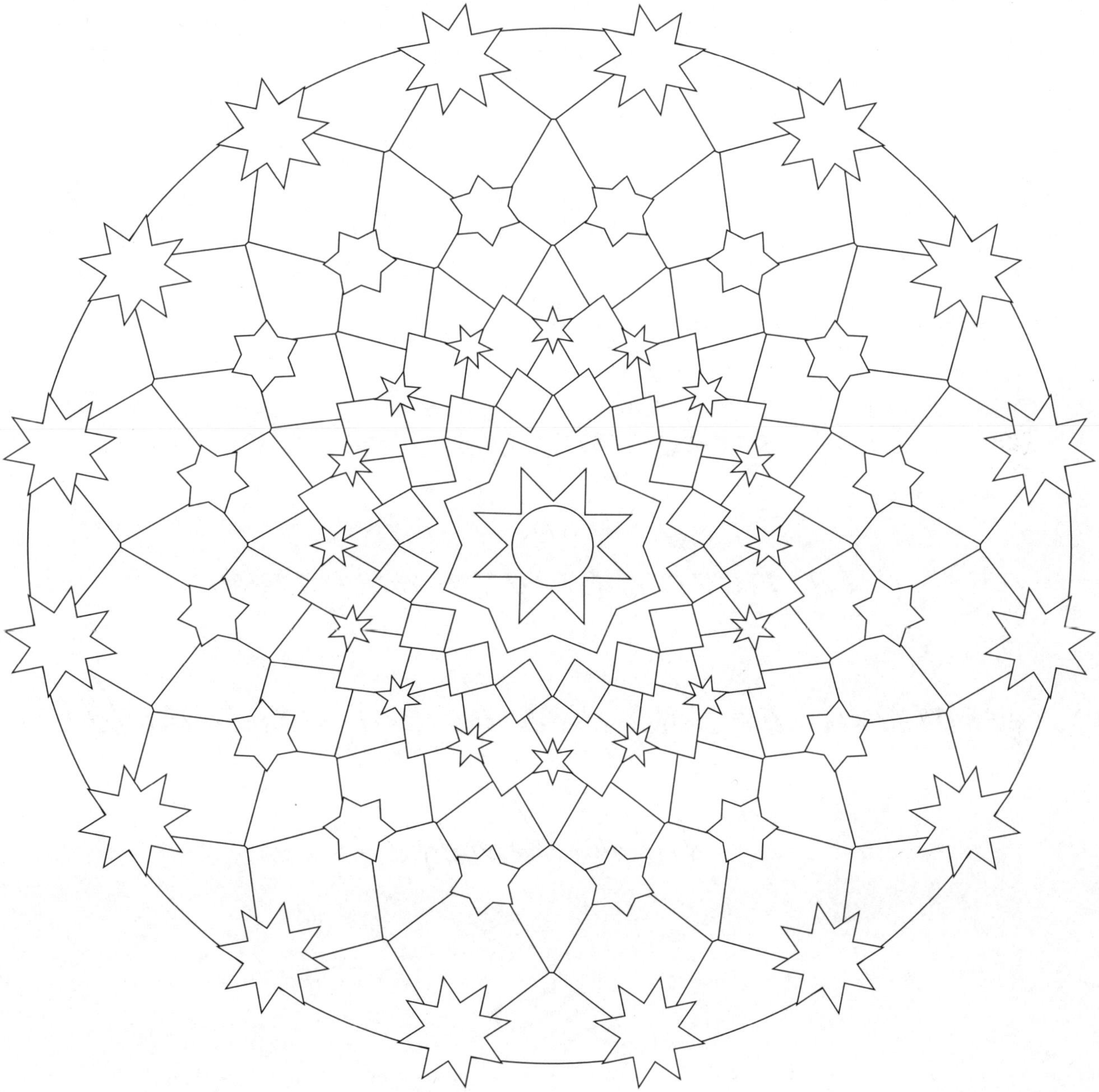

— 11 —

La alegría
y la felicidad que uno tiene
proviene de las que hemos procurado
a los demás.

—12—

La mejor manera de alegrarte es intentar alegrar a alguien.

—13—

No existe un deber
que descuidemos tanto
como el deber de estar alegres y felices.

—14—

Sólo hay una manera
de resistir el frío,
y es estar contento de que haga frío.

—15—

No hay en el mundo peor bancarrota que la del hombre que ha perdido el entusiasmo.

— 16 —

La sonrisa es el idioma universal de los hombres inteligentes.

— 17 —

La sonrisa cuesta menos que la electricidad y da más luz.

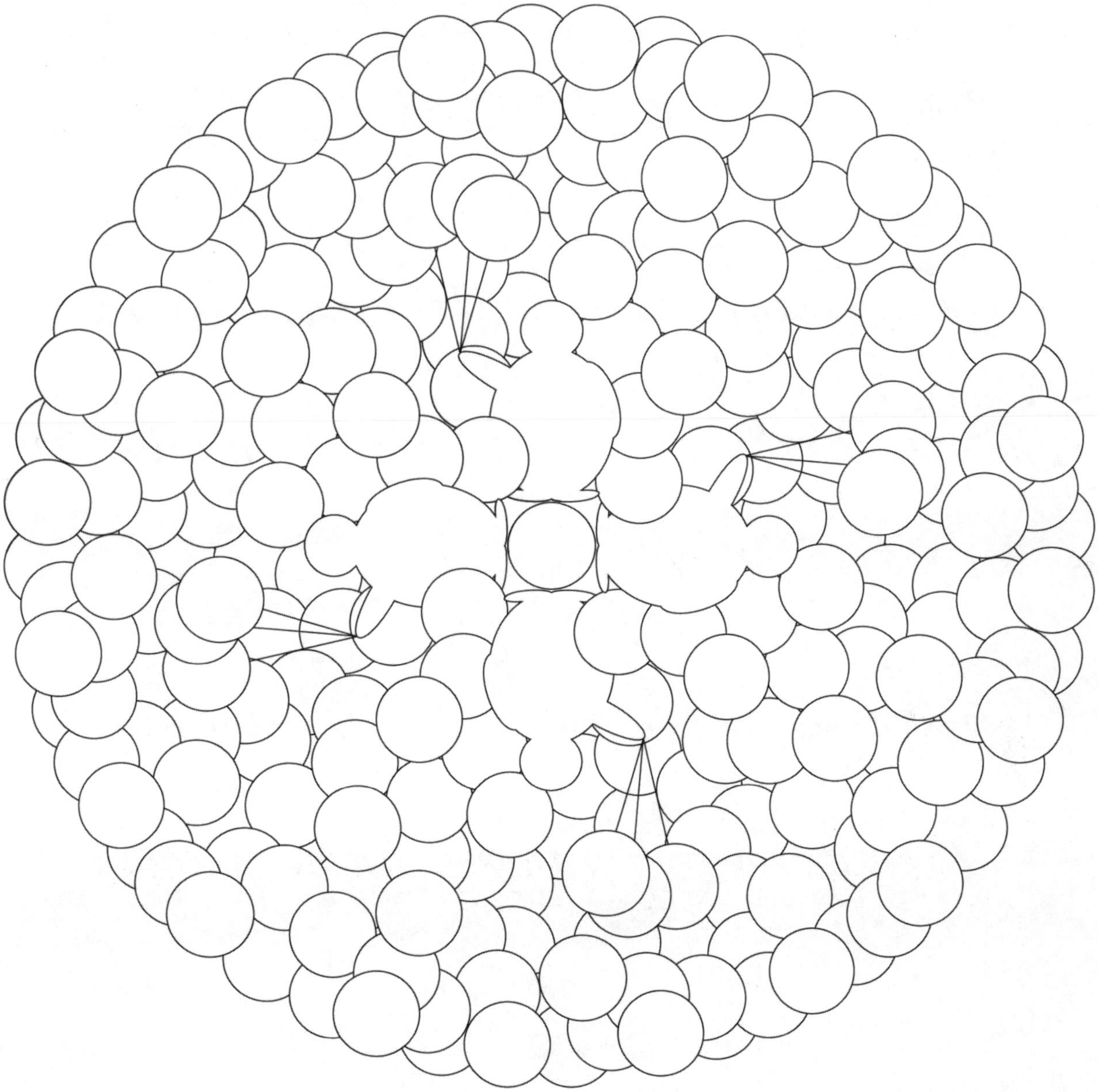

Hemos llegado al final con la representación de un mandala en blanco. Un círculo y un punto central. A partir de cero, crea primero tu mandala y coloréalo después.